¡LA PEQUEÑA MISS,

lávate las

MANOS!

Editorial: That's Love publishing LLC
Impreso en los Estados Unidos de América

ISBN: 978-1-953751-45-4

Pedidos de librerías comerciales y mayoristas de EE. UU.
Por favor contacta a Erica Basora al correo electrónico
erica@thatslovepublishing.com
Página web: thatslovepublishing.com

Para una visita gratuita de recursos
www.thatslovepublishing.com

Dedicatoria

Este libro está dedicado a todos los pequeños que he enseñado. A todo el personal de quirófano que tanto me ha escuchado decir "gel dentro y gel fuera" y sabe que el arte de lavarse las manos es la primera línea de defensa contra las infecciones del lugar quirúrgico. A mis propias pequeñinas, las amo, tanto a mi pequeña señorita como a la futura.

¡La Pequeña Miss es hora de comer!
¡Será mejor que te muevas!

Oye La Pequeña Miss, ven a darme un besito.
Pero no toques esto, ni esto, ni esto otro.
Ve a lavarte esas manitas.
No discutas conmigo, la orden se mantiene.

No sé muy bien por qué, solo estaba jugando afuera,
pero hago lo que me dicen
para que no me regañen.

Corro hacia el fregadero de la cocina, pero no puedo alcanzarlo.
Entonces, mamá me trae un taburete.
¡Oye, La Pequeña Miss! ¿Quieres que te ayude con esto?.
Creo que puedo hacerlo, mientras finjo tomar jabón del plato.

Mamá mira mi truco y me echa el ojo,
le devuelvo una sonrisa dulce como un pastel.
Jabón es lo que sé que necesito,
pero en realidad solo quiero comer un poquito.

La Pequeña Miss, creo que se te ha olvidado el jabón.
Lo tomo, me lavo las manos y espero.
Cuento UNO, DOS, TRES.
He terminado y dejo correr el agua hasta que ya no hay más jabón.

Oye, La Pequeña Miss, olvidaste lavarte los dedos,
¿Seguro que no quieres que me quede?
Puedo ayudarte a lavarte bien las manos,
Entonces, limpia y libera de gérmenes todos esos deditos.

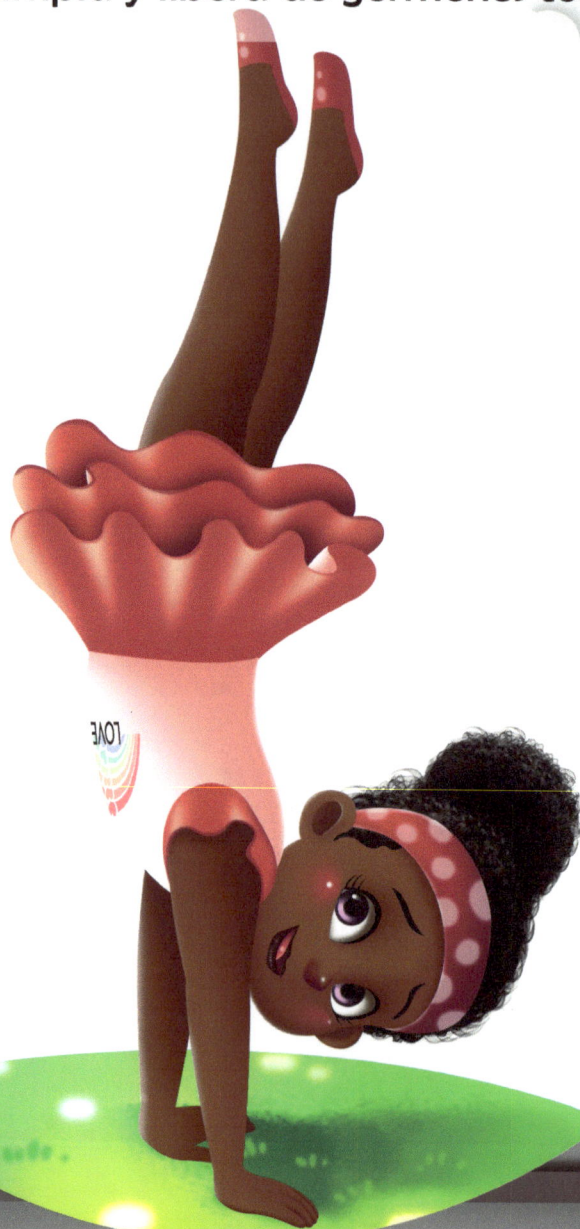

De acuerdo mamá ¿me puedes
ayudar con esto?
Esta vez, mamá cumple su deseo,
Porque le pido su ayuda con esto.

1

2

3

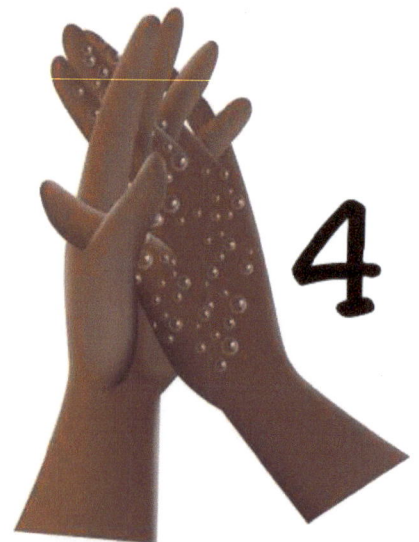
4

Claro que sí, mi amor, lavarse las manos
es todavía más importante en este momento.
Déjame estar a tu lado y enseñarte cómo:

Paso 1: Prepara tu voz para cantar... "la, la, la".

Paso 2: Abre el agua, enjuágate las manos y
comienza a cantar la canción de feliz cumpleaños.

Paso 3: Frota jabón en el frente y el dorso de tus manos
y sigue cantando la canción.

Paso 4: Lávate entre y alrededor de cada uno de tus 10
dedos, comenzando con el pulgar.

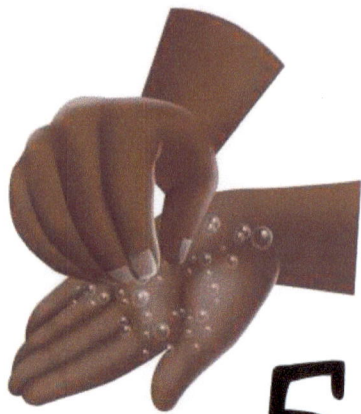

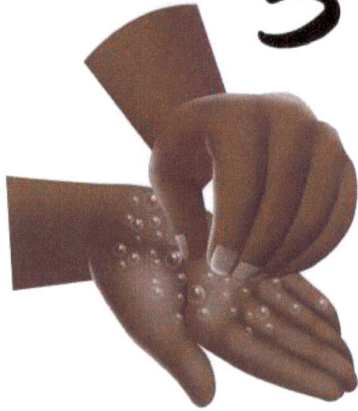

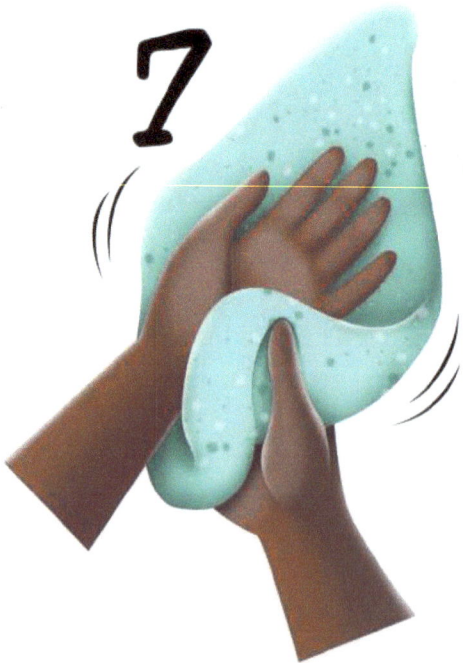

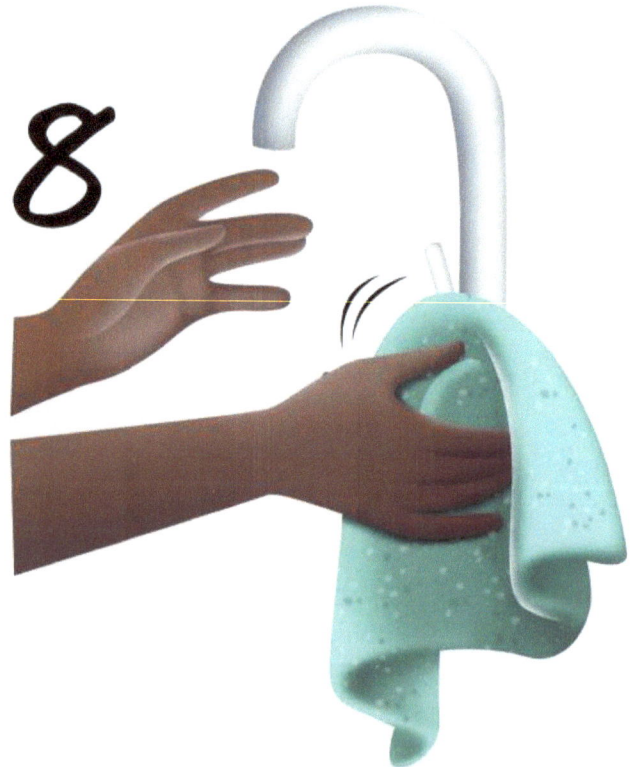

Paso 5: Asegurarse de pasar bajo las uñas antes de terminar la canción.

Paso 6: Enjuaga todo el jabón de tus manos con agua.

Paso 7: Seca tus manos con una toalla

Paso 8: Usa esa toalla para cerrar el grifo

 **1**

 **2**

3

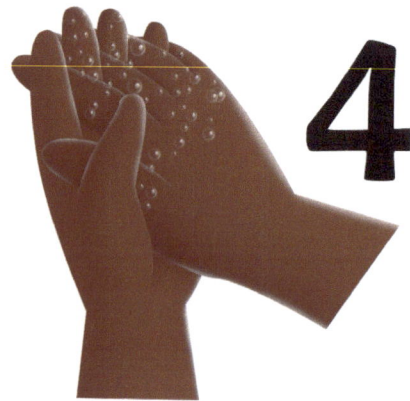 **4**

Una vez mamá me mostró cómo hacerlo.
¡Estoy lista para intentarlo por mi cuenta ahora mismo!

Paso 1: Preparo mi voz para cantar y paso directamente al

Paso 2: Abrir el agua, enjuagarse las manos y comenzar
a cantar feliz cumpleaños.

Paso 3: Frotar jabón en el frente y el dorso de las manos
y seguir cantando la canción.

Paso 4: Lavarse entre y alrededor de cada uno de los 10
dedos, comenzando con el pulgar.

5

6

7

8

Paso 5: **Asegurarse de pasar bajo las uñas antes de terminar la canción.**

Paso 6: **Enjuaga todo el jabón de tus manos con agua.**

Paso 7: **Seca tus manos con una toalla**

Paso 8: **Usa esa toalla para cerrar el grifo**

Al día siguiente en la escuela aprendimos de la enfermera de la
sala de operaciones, la Sra. Tish,
que lavarnos las manos para dejar de propagar gérmenes es su deseo.
Así podemos evitar que la gente se enferme,
si te lavas las manos a menudo.

Aprendemos que debemos lavarnos las manos durante todo el día,
Y hablar de ello una y otra vez para que no se nos olvide.

No nos tocamos la nariz, la boca ni las pestañas.
Porque podemos propagar esos gérmenes tan
rápido como un rayo de luz.
Lavarnos las manos evita que otros se enfermen.
Lo voy a repetir, lavarse las manos es la solución.

La escuela terminó, era hora de irse a casa.
Veo a Bebé Hermanita y hago zum
a su alrededor como si fuera una piedra.
Tengo que lavarme las manos antes de darle un beso y un abrazo.

Le hago señales a Bebé Hermanita para que
venga a ver cómo me lavo las manos.
Estoy calentando mi voz cuando ella se me acerca.

Le explico paso a paso cómo se hace:

 **1**

 **2**

 **3**

 **4**

Paso 1: Calienta tu voz para cantar "la, la, la".

Paso 2: Abre el agua, enjuágate las manos y comienza a cantar feliz cumpleaños.

Paso 3: Frota jabón en el frente y el dorso de tus manos y sigue cantando tu canción.

Paso 4: Lávate entre y alrededor de cada uno de tus 10 dedos, comienza con el pulgar.

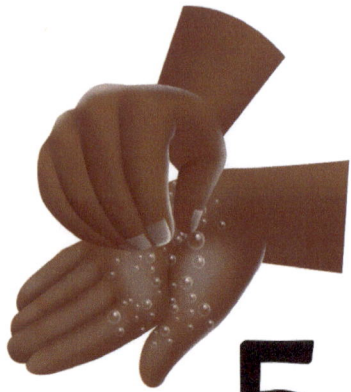

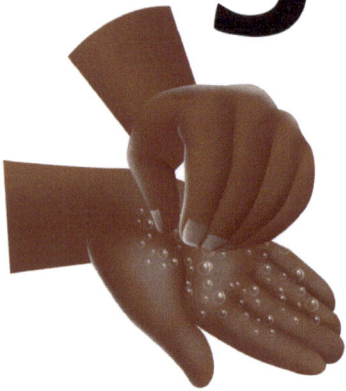

Paso 5: Asegurarse de pasar bajo las uñas antes de
        terminar la canción.
Paso 6: Enjuaga todo el jabón de tus manos con agua.
Paso 7: Seca tus manos con una toalla
Paso 8: Usa esa toalla para cerrar el grifo

Bebé Hermanita sonríe mientras me observa,
salto y abrazo a Bebé Hermanita y le doy un gran beso.

¡Hola educadores, mamás, papás y seres queridos!

Gracias por entender la importancia de enseñar a nuestros niños el arte de lavarse las manos. Por si no lo sabías, lavarse las manos es nuestra primera línea de defensa para mantenernos sanos. Lavarse las manos ayuda a detener la propagación de gérmenes e infecciones.

Mientras lees esta historia, muéstrales a tus hijos cómo lavarse las manos y luego pídeles que se las laven, cantando la canción del feliz cumpleaños. Esta canción dura unos 15 segundos, el tiempo que los niños deben pasar lavándose las manos.

Después de lavarse las manos, también es importante no tocar el grifo del fregadero con las manos recién lavadas. Enseña a tus hijos a cerrar el grifo con una toalla de papel o una toalla de mano. Lo mismo ocurre con la puerta del baño: ¡también se debe usar papel o una toallita de mano!

Pregúntales a tus hijos si entienden "cuándo" y "por qué" se lavan las manos. Las preguntas que hace la Sra. Tish en la historia pueden ayudar con esto. Si los niños entienden el "cuándo" y el "por qué" del lavado de manos, es probable que sigan los pasos incluso cuando los adultos no estén mirando.

Gracias por todo lo que haces en la vida de un niño. Espero que este libro te ayude en este viaje.

Eso es amor,
Erica

www.ingramcontent.com/pod-product-compliance
Lightning Source LLC
LaVergne TN
LVHW072055070426
835508LV00002B/102